우리는 물지킴이!

교육과실천

교과서와 연계하여 활용해 보세요!

교과서 연계 단원

국어 3-1 4. 중요한 내용을 찾아요   6. 자신있게 읽고 써요

국어 4-1 2. 서로 다른 의견 | [매체] 인터넷에서 자료를 찾아요

국어 4-2 3. 의견을 모아서

도덕 3 7. 생명을 소중히 여기는 우리   **도덕 4** 7. 자연은 소중해요

과학 3-2 2. 지구와 바다   **과학 4-1** 2. 물의 상태 변화

과학 4-2 4. 기후 변화와 우리 생활

사회 4-2 2. 지역문제를 해결하고 지역을 알리는 노력

3. 다양한 환경과 삶의 모습

배움약속(성취기준)

4-1 수질오염의 원인을 이해하고 물을 깨끗하게 지키기 위해 노력한다.

4-2 물발자국의 개념을 이해하고 물을 아껴 쓰기 위해 노력한다.

4-3 바다 생태계의 중요성을 이해하고 바다 생물과 공존하기 위한 방법을 실천한다.

기후·생태를 살리는 생태전환교과서 ④

초등 중학년 (3~4학년)

우리는 물지킴이!

초판 1쇄 발행 2026년 3월 13일

지은이 이윤미, 김순미, 박미영, 조현정, 하늘빛, 곽정숙, 노현주, 신혜영, 우치성, 임하람

그린이 박근형, 박미경   **감수** 이정현

발행인 최윤서   **편집** 정지현

디자인 최수정

펴낸 곳 (주)교육과실천   **인쇄** 031-945-6554 두성 P&L

등록 2020년 2월 3일 제2020-000024호   **일원화 구입처** 031-407-6368 (주)태양서적

주소 서울특별시 중구 창경궁로 18-1 동림비즈센터 505호   **저자 강의·도서 구입** 02-2264-7775

ISBN 979-11-995303-7-9(63370)

정가 9,500원

차 례

모든 생물은 물 없이는 살 수가 없어요. 그래서 물을 깨끗하게 지키는 일이 중요해요. 그런데 최근 물이 심각하게 오염되고 있어요. 특히 강과 바다의 오염이 심각해지면서 많은 동식물에게 피해를 주고 있어요. 물의 오염이 생태계 전체에 심각한 피해를 입히고 있지요.

누가 물을 오염시키는 걸까요? 물을 지키기 위해서 우리가 할 수 있는 일은 무엇일까요?

우리가 물지킴이가 되어 생태계를 지켜줍시다.

주인공

꼬북이

바다와 인간을 연결하는
신비한 능력을 가진 바다거북

푸름이

아름이와 쌍둥이 남매로
환경에 관심이 많고
모험심이 강함

아름이

푸름이와 쌍둥이 남매로
동물을 사랑하고
배려심이 많음

남생이

오염을 알리는
강의 수호자

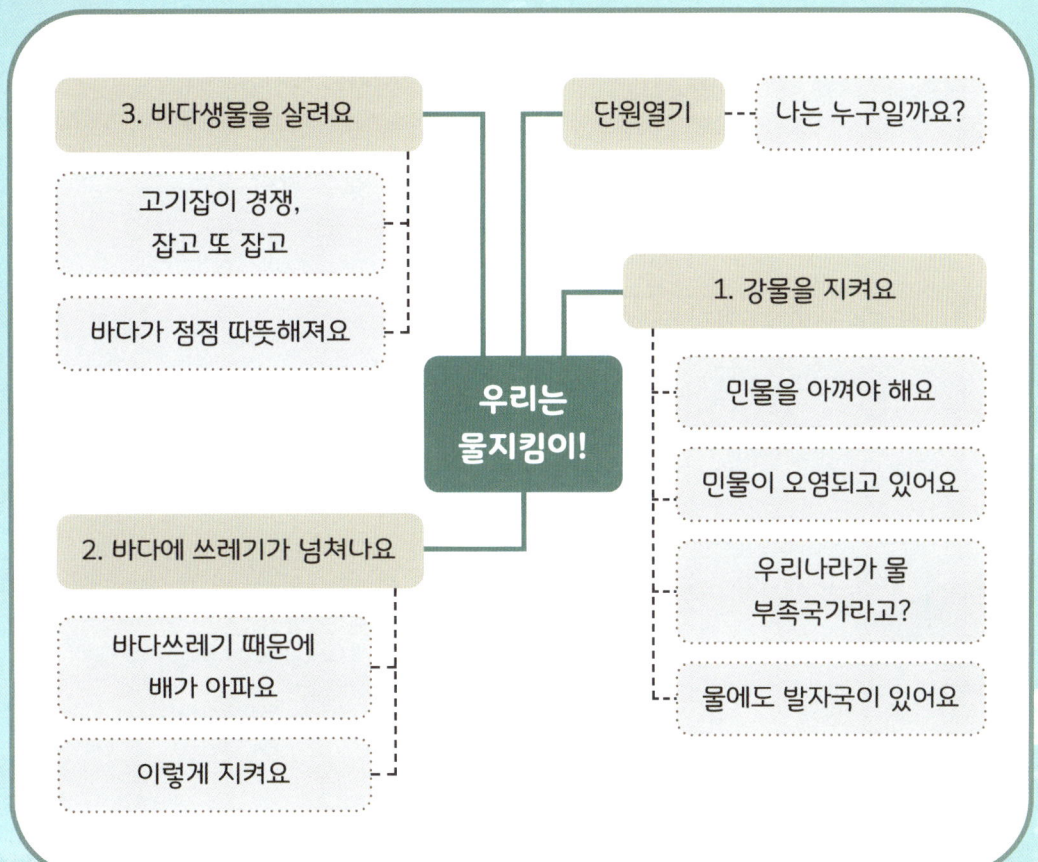

3. 바다생물을 살려요

고기잡이 경쟁,
잡고 또 잡고

바다가 점점 따뜻해져요

단원열기 --- 나는 누구일까요?

**우리는
물지킴이!**

1. 강물을 지켜요

민물을 아껴야 해요

민물이 오염되고 있어요

우리나라가 물
부족국가라고?

물에도 발자국이 있어요

2. 바다에 쓰레기가 넘쳐나요

바다쓰레기 때문에
배가 아파요

이렇게 지켜요

  나는 누구일까요?

나는 쉬지 않고 돌고 돌아요.

나는 지구상에서 가장 풍부한 자원이에요.

나는 색깔도 없고 모양도 없어요.

내가 없으면 생명체가 살 수 없어요.

나는 한 번 더러워지면 깨끗하게 만들기 어려워요.

나는 땅 밑으로도 스며들어요.

나는 [   ] 이에요

(　　　　　)은 이럴 때 필요해요. (　　　　　)이 언제 필요한지 친구들과 이야기해보아요.

자동차는 연료가 부족하면 전기로 움직일 수 있지만, 사람은 물 대신 사용할 수 있는 게 없어요. 사람은 물을 먹지 않으면 일주일도 버틸 수 없거든요. 왜 버틸 수 없냐고요? 우리 몸 속에서는 모든 장기와 세포가 활발하게 움직이려면 물이 꼭 필요해요. 실제로 우리 몸에서

물이 1-2%만 부족해도 갈증을 느끼고, 5%를 잃으면 혼수상태에 빠지며, 12%를 잃으면 죽게 됩니다.

수도꼭지만 틀면 물이 나오니까 우리는 물의 소중함을 못 느끼고 있지만, 물은 생명 그 자체예요. 국제인구행동에 따르면 21세기 들어 물 사용량이 6배나 증가해 세계 인구의 44% 정도가 물 부족에 시달리고 있대요. 2025년에는 80억 인구 중에 40억 명이 물 부족에 시달릴 거래요. 인구는 늘어나는데 많은 사람들이 물을 아끼지 않고 사용하면 조만간 강물과 지하수가 바닥날지도 몰라요. 우리는 물을 주변에서 흔하게 볼 수 있지만 물에 대해서 모르는 점이 많아요.

우리 함께 물의 세계로 떠나볼까요?

물에 대해 궁금한 것을 물방울 안에 적어봅시다.

당신은 오늘 물을 얼마나 썼나요?

http://go9.co/Qwx

출처: 기후에너지환경부

 영상을 보고 난 후 느낀 점을 적어보세요.

물과 관련한 환경 기념일

• '세계 물의 날' – 3월 22일

1993년 UN은 매년 3월 22일을 '세계 물의 날'로 선포했어요. 물의 소중한 가치를 알리고 물 부족에 시달리는 인류의 고통을 함께 나누자는 취지에서 정한 날이에요. 우리나라는 이미 1990년부터 매년 7월 1일을 '물의 날'로 정하여 기념하고 있었지만, 1995년부터 세계적 약속에 동참하기 위해 3월 22일에 물의 날 기념식을 진행하고 있어요.

출처:기후에너지환경부

• '바다의 날' – 5월 31일

우리나라는 바다 자원의 중요성을 인식하고 보존하기 위해 5월 31일을 '바다의 날'로 만들었어요. 이 날을 바다의 날로 정한 것은 통일신라시대 장보고 대사가 청해진을 설치한 날을 기념하기 위해서예요. 이 날은 전국의 여러 단체들이 참여하여 다양한 행사를 진행하는데, 주로 항만 및 바다 청소, 국민 계몽, 수산자원 보호 등과 관련한 행사를 해요.

출처:해양수산부

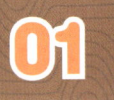

01 강물을 지켜요

푸름이네 가족은 주말을 맞아 강가로 나들이를 갔어요.

그 곳에서 점심을 맛있게 먹었어요.

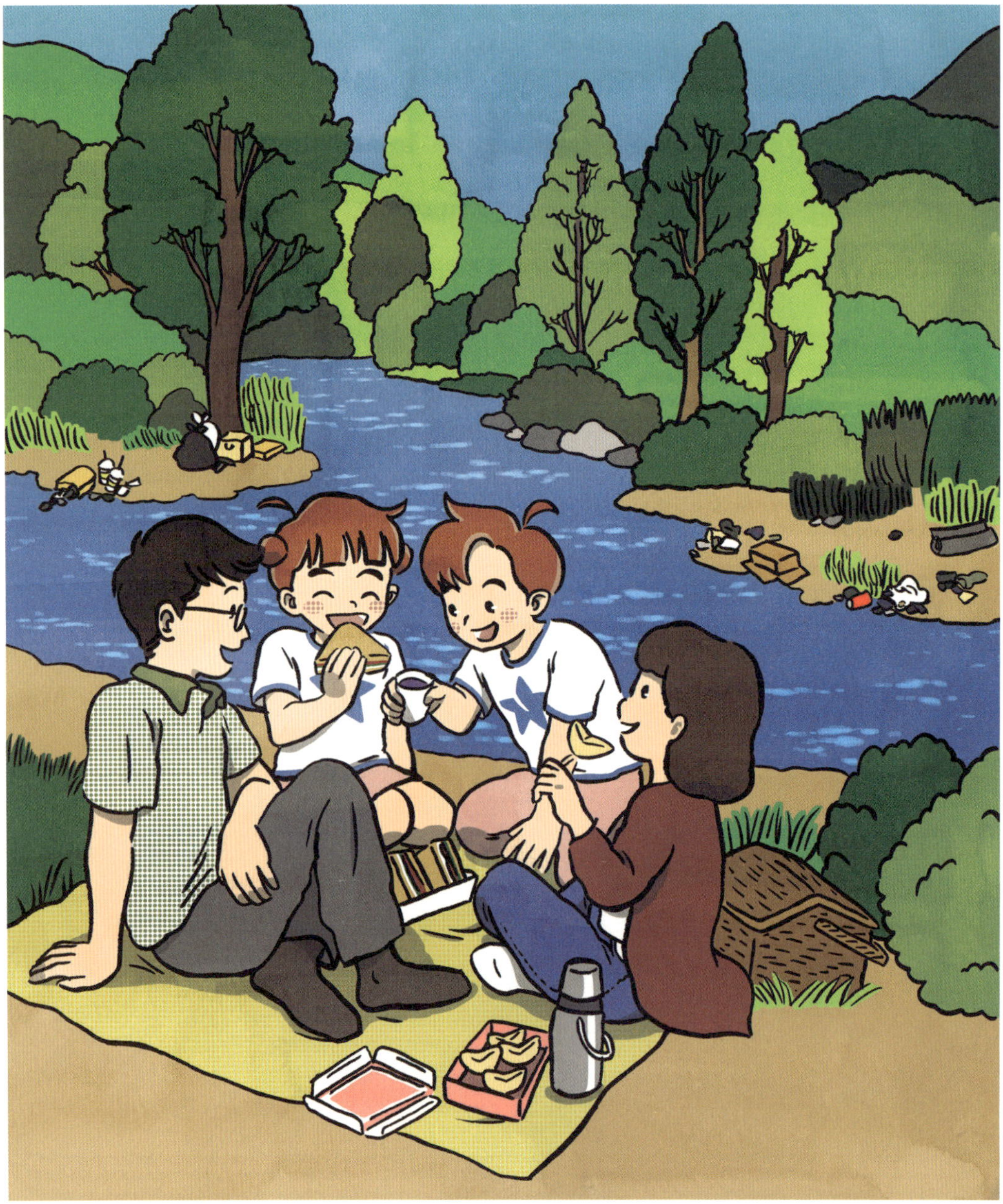

점심을 먹고 산책을 하던 푸름이와 아름이는 남생이 한 마리를 발견했어요.
신기하게도 남생이가 푸름이와 아름이에게 말을 걸었어요.

"푸름아, 아름아! 만나서 반가워. 난 남생이야. 혹시 날 도와줄 수 있겠니?
강물이 너무 더러워져서 우리 남생이들이 더 이상 이 곳에서 살 수 없게
되었거든. 친구들도 다 떠나고
나 혼자 이 곳을 지키고 있단다.
너희들이 우리 남생이들을 좀
도와줘."

남생이에게 어떤 일들이 일어나고
있는 걸까요? 왜 강이 더러워지고
있을까요? 우리 푸름이, 아름이와
함께 그 이유를 찾아볼까요?

남생이는 왜 사라지고 있을까요?

남생이가 궁금해요!

남생이는 물과 육지 양쪽을 오가며 사는 거북의 일종이에요. 주로 오염되지 않은 계곡 상류, 호수, 강, 논, 연못 등에 살아요. 예전에는 하천과 개울 등 어디서나 볼 수 있었지만 1970년대부터 하천 개발, 식용을 위한 채집, 마구 방생한 붉은귀거북에 밀려 자취를 감췄어요.

사람들이 우리를 마구잡이로 잡았고,
물이 오염되어 살 수 있는 곳이 없어지면서
숫자가 많이 줄었어.
그래서 우리는 천연기념물로 지정되어
보호를 받고 있어.
우리가 멸종되지 않도록 너희들이 노력해줘.

남생이를 구하기 위해 사람들이 해야 할 일

1. 남생이의 서식지가 오염되지 않도록 도와준다.

2.

3.

남생이 사진을 자세히 살펴보고 색칠을 해봅시다.

 남생이에게 편지를 써 봅시다.

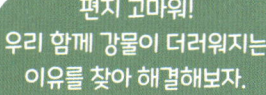

편지 고마워!
우리 함께 강물이 더러워지는
이유를 찾아 해결해보자.

민물을 아껴야 해요

지구에 있는 물의 97.5%는 바닷물이에요. 나머지 물의 2/3는 빙하 상태로 있고, 1/3은 호수, 강, 지하수로 흘러들어가요.
지구에 있는 물 중 사람이 사용할 수 있는 물은 1%밖에 안돼요.

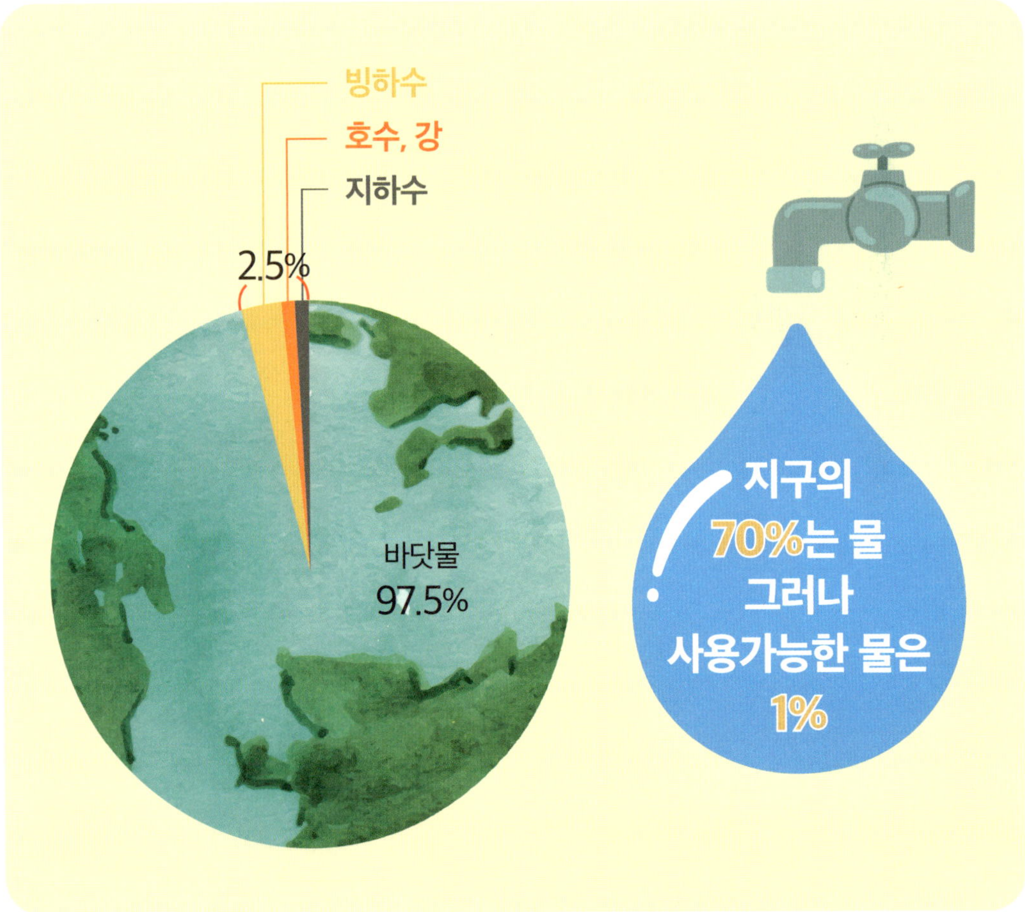

빙하수
호수, 강
지하수

2.5%

바닷물
97.5%

지구의
70%는 물
그러나
사용가능한 물은
1%

이렇게 사람이 사용할 수 있는 호수, 강, 지하에 흐르는 물을 '민물'이라고 불러요.
우리나라에서만 1년에 330억 톤의 깨끗한 민물이 필요하다고 해요.

민물은 계속 만들어져요. 땅이나 바다의 수분이 증발하여 다시 비와 눈이 되어 내리면 호수나 강에 흘러 들어가기 때문이에요. 이렇게 물이 한 번 순환하는 데는 약 10일 정도 걸려요.

지표면 위의 공기가 위로 올라가면 온도가 내려가서 공기 중의 수증기가 작은 물방울이 되어 구름이 된다.

구름

육지로 내리는 비

구름에 물방울들이 너무 많이 모이면 무게를 이기지 못하고 떨어지게 된다.

바다

수증기 증발

지구상의 물은 태양열에 의해 증발하게 된다.

강

호수

자하수

물은 한순간도 쉬지 않고 하늘과 땅 사이를 돌고 있어요. 그러나 그러나 물이 자연스럽게 순환하면서 민물이 채워지기 전에 너무 많은 양을 사용하면 우리가 사용할 수 있는 민물의 양은 점점 줄어들어요.

사람에게 민물은 꼭 필요해요. 그래서 사람들은 민물이 흐르는 천이나 강 옆에 모여 살아요. 모든 마을은 물을 끼고 생겨났어요.

물이 흘러가는 작은 길을 '천', 큰 길을 '강'이라 불러.

강물은 흘러야 살아요. 흐르는 물을 막아 만든 댐은 인간에게 물을 제공하기 때문에 유용하지만, 환경에는 좋지 않은 영향을 미치기도 해요. 댐에 갇힌 물은 쉽게 오염되기 때문이에요. 또한 댐에 갇힌 물의 엄청난 무게 때문에 땅이 가라앉기도 해요. 댐이 꼭 필요하다면 작게 만들어야 생태계 파괴를 줄일 수 있어요.

녹색댐

💡 **녹색댐으로 대신해봐요!**

숲은 자연적으로 물을 저장해요. 그래서 숲을 녹색댐이라고 불러요. 숲의 물 저장 능력은 거의 무한하다고 할 수 있어요. 그래서 숲을 만드는 일이 중요해요.

 □ 안에 알맞은 글자를 넣어보아요.

1. 지구에 있는 물의 97.5%는 □□□ 이에요.

2. 사람이 사용할 수 있는 호수, 강, 지하에 흐르는 물을 □□ 이라고 불러요.

3. 물은 한순간도 쉬지 않고 □□ 과 □ 사이를 돌고 있어요.

4. 사람들은 민물이 흐르는 □ 이나 □ 옆에 모여 살아요

5. □ 을 많이 만들어야 친환경적으로 물을 저장할 수 있어요.

[정답은 21쪽에]

수돗물이 우리에게 오기까지

'상수'란 우리가 생활 속에서 사용하는 물로 흔히 수돗물이라고 해요. '하수'란 가정에서 사용하고 난 오염된 물과 빗물, 공장에서 나온 폐수 등을 말해요. 상수가 우리에게 오기까지 어떤 과정을 거치는지 함께 알아보아요.

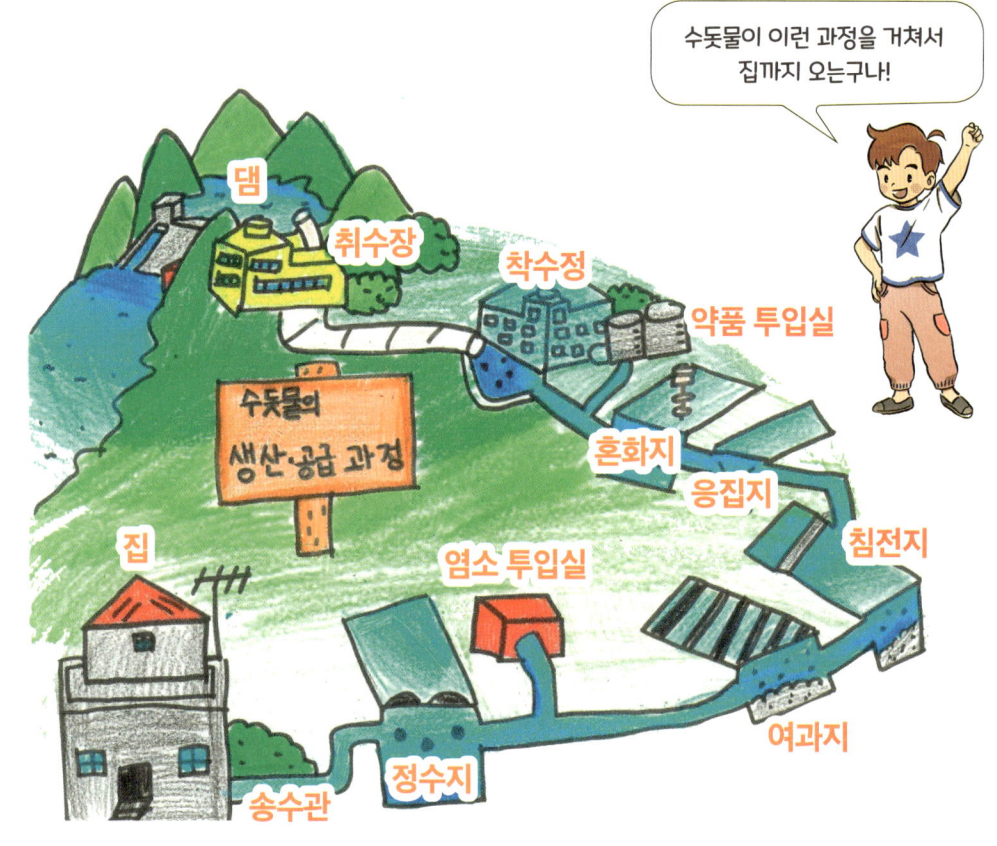

수돗물이 이런 과정을 거쳐서 집까지 오는구나!

마음 놓고 마실 수 있는 수돗물이 우리집으로 오기까지 여러 과정을 거쳐요.

취수장에서는 끌어온 강물에 있는 나무 조각, 쓰레기, 모래 등을 걸러요.

착수정에서 물을 안정시키고 물의 양을 조절하고 분배해요.

약품 투입실에서는 물에 정수 처리 약품을 넣어요.

혼화지에서는 물과 정수 약품이 잘 섞이도록 혼합해줘요.

응집지에서는 물속을 떠다니는 아주 작은 물질들을 큰 덩어리로 뭉치게 해요.

침전지에서는 이물질 덩어리를 가라앉혀 맑은 물을 만들어요.

여과지에서는 물을 모래와 자갈층에 흘려 보내 남아 있는 물질을 걸러내요.

염소 투입실에서는 염소를 넣어 미생물이 남아 있지 않도록 소독을 해요.

정수지는 깨끗해진 물을 저장하는 곳이에요.

정수지에 저정된 물은 송수관을 거쳐
가정으로 공급돼요.

[19차 정답 : 1.나타난대요 2.일일옷 3.홍군동, 숲4.짓, 짓 5.축]

민물이 오염되고 있어요

수질오염이란 가정에서 쓰고 버리는 생활하수, 산업활동에 의한 산업폐수 등이 정화되지 않고 하천이나 호수로 들어와서 물을 오염시켜 사용할 수 없게 되거나 생물의 서식에 심각한 피해를 줄 정도로 수질이 나빠지는 것을 말해요.

수질오염의 원인은 무엇일까요? 물은 스스로 깨끗해지는 자정능력이 있지만, 오염 물질이 너무 많아서 자정능력을 잃게 되면 여러가지 문제가 생겨요. 수질오염은 대부분 사람에 의해서 일어나요.

수질 오염의 원인

생활하수
세제, 샴푸 등이 원인으로, 수질오염의 가장 큰 부분을 차지한다.

음식물 찌꺼기도
수질오염의 큰 원인이다.

산업폐수
공장 폐수나 폐기물로 인한 것으로 독성이 강한 오염이 일어난다.

병원에서 나오는 유해물질, 병균은 심각한 오염을 일으킨다.

농·축산폐수
가축들의 배설물로 인한 오염으로 병균에 의한 전염병도 일으킬 수 있다.

수질오염의 주요 원인으로는 생활하수, 산업폐수, 농·축산폐수 등이 있으나 이 중에서 가장 큰 비중을 차지하는 것은 생활하수예요. 폐수 발생량의 60%가 생활하수이고, 그 다음으로 산업폐수, 농·축산폐수 순서예요.

수질오염은 토양오염, 대기오염과도 밀접한 관계가 있어요. 자연은 모두 연결되어 있거든요.

수질오염이 이렇게 심각하다니….

수질오염을 예방하려면 어떻게 해야 할까?

친구들과 함께 계곡, 강, 호수 등이 오염된 사례를 본 경험에 관해 이야기를 나누어 보아요.

 친구들과 나눈 이야기를 바탕으로 수질오염 사례를 구체적으로 적어봅시다.

🌈 도움자료를 보며 물을 오염시키는 범인을 찾아 [_____] 안에 적어보세요.

<도움자료>

?

나 때문에 오염된 물은 거품이 생겨서
햇빛이 물에 들어가지 못하게 해요.
그리고 공기 중의 산소도 녹아들지 못하게 해서
물 속의 생물들이 살아갈 수 없게 만들어요.

?

나는 식물의 병을 막는데 효과가
있지만, 땅 속으로 스며들거나 강으로
흘러 들어가서 물을 오염시키고
있어요.

?

나는 축사에서 흘러 나와
땅으로 스며든 후
빗물에 씻겨 내려가서
물을 오염시키고 있어요.

우리가 사용한 하수가 깨끗해지기까지!

우리가 쓰고 버리는 물인 하수는 공공하수처리장에서 걸러진 후 버려져요. 그러나 아직도 그냥 강에 버려지는 하수가 많아요. 따라서 공공하수처리장을 많이 지어 하수를 깨끗하게 해야 해요.

하수 처리 과정

출처: 전주환경사업소

페트병 정수기 만들기

페트병 정수기 만들기 실험을 통해 오염된 물을 깨끗하게 정화시키는 방법을 알아보아요.

준비물 : 잘라낸 페트병 2개, 자갈, 모래, 숯(활성탄), 고무줄, 천 또는 거즈, 흙탕물

재료를 준비한다.

페트병 뒤쪽 한칸을 칼로 자른다.

다른 페트병은 앞쪽 한칸을 자른다.

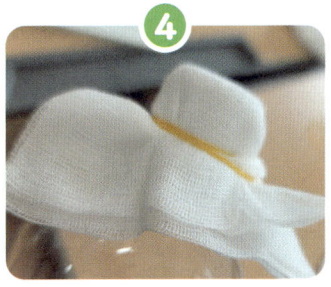

뒤쪽을 자른 페트병 입구에 천을 씌운 후 고무줄로 막는다.

앞쪽을 자른 페트병에 천을 씌운 페트병을 끼워 바로 세운다.

숯(활성탄)을 페트병에 한컵 붓는다.

천을 씌워가며 모래와 자갈을 차례대로 넣는다.

숯(활성탄), 모래, 자갈 순으로 들어 있는 페트병 정수기 모습

흙탕물을 천천히 부으며, 흙탕물이 깨끗해지는 과정을 관찰한다.

수질오염을 말해주는 '지표생물'

환경의 상태나 변화를 알려주는 생물을 '지표생물'이라고 해요. 지표생물을 이용하면 특정 지역의 환경 상태를 알 수 있어요. 예를 들어 물 속에서 사는 생물들을 보면 그 물이 얼마나 깨끗한지 알 수 있지요. 송사리가 사는 물은 아주 깨끗한 물이어서 마실 수도 있어요. 하지만 거머리가 살고 있는 물은 더러운 물이어서 절대 마시면 안돼요. 물속의 상태를 알려주는 지표생물에는 어떤 것들이 있을까요?

급수	물의 상태	마실 수 있는지 여부	지표생물
1급수	😊 매우 좋음	마실 수 있음	송사리, 플라나리아, 반달말, 규조류, 녹조류
2급수	🙂 좋음	약품 처리 후 마실 수 있음	장구벌레, 개구리밥, 하루살이 유충
3급수	😐 보통	마실 수 없어 공업용수로 사용	거머리, 물벼룩, 메기, 윤충, 짚신벌레
4급수	🙁 약간 나쁨	약품 처리 후 공업용수로 사용	모기붙이 유충, 실지렁이, 흔들말, 종벌레, 물곰팡이

수질에 따라 사는 물고기가 다르구나?

1급수

| 산천어 |  버들치 | 금강모치 | 열목어 |

2급수

| 참갈겨니 |  은어 |  꺽지 |  쉬리 |

3급수

| 붕어 |  미꾸라지 |  메기 |  잉어 |

4급수에서는 물고기가 살기 어렵대.

사진출처 : 한국문화정보원, 국립생태원

수질오염을 줄일 수 있는 방법을 찾아봅시다.

더러워진 물은 흙과 자갈에 걸러지기도 하고, 많은 양의 맑은 물을 만나 합쳐지면서
깨끗해져요. 하지만 오염물질이 갑자기 많아지면 스스로 깨끗해지기 어려워요.
한 번 더러워진 물을 깨끗하게 정화하는 것은 쉬운 일이 아니에요. 다시 깨끗해지려면
엄청난 양의 맑은 물이 필요하답니다.

오염된 물을 정화하는 데 필요한 물의 양

재료나 음식	양	정화하는데 필요한 물
라면 국물	150ml	30만ml의 물
된장찌개	150ml	75만ml의 물
간장	50ml	105만ml의 물
식용유	50ml	150만ml의 물
우유	150ml	300만ml의 물

🌈 물의 오염을 줄이기 위해 우리가 할 수 있는 일은 무엇일까요?

후라이팬 닦고 설거지하기

쌀뜨물로 화분 물주기

우리가 할 수 있는 일

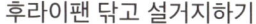

🌈 수질오염 관련 포스터를 그려보고 캠페인을 해 봅시다.

우리나라가 물 부족국가라고?

국제인구행동은 1993년에 우리나라를 '물 부족국가'라고 발표했어요. 세계 150여개 나라 중 물 기근국가는 20개국, 물 부족국가는 8개국에 불과해요. 수도꼭지만 틀면 물이 나오는데 우리나라가 물 부족국가라니 이해가 되지 않지요? 우리나라 1인당 물 사용량은 다른 나라에 비해서 높은 편이에요. 물을 함부로 쓰고 버리는 생활 습관 때문이에요. 우리나라의 물 사용량이 많은 이유는 물값이 싸기 때문이기도 해요. 그리고 비가 대부분 여름에 내리기 때문에 나머지 기간에는 물 부족 현상이 많이 나타나요.

물 풍요국가	매년 1,700m^3 이상 지역적 또는 특수한 물 문제만 경험하는 국가
물 부족국가	매년 1,700m^3 미만 주기적인 물 압박을 경험하는 국가 **해당국가 ▶** 리비아, 모로코, 이집트, 남아프리카, 한국, 폴란드, 키프로스
물 기근국가	매년 1,000m^3 미만 만성적인 물 부족을 경험하여 그 결과 경제발전 및 국민복지, 보건이 저해되는 국가 **해당국가 ▶** 지부티, 몰타, 카타르, 바레인, 바베이도스, 싱가포르, 사우디아라비아, 아랍에미리트 연방, 요르단, 예멘, 이스라엘, 튀니지, 카포베르데, 케냐, 부룬디, 알제리, 르완다, 말라위, 소말리아

메말라 가는 땅속의 물, 지하수

빗물이 땅속에 스며들어 오랜 시간 흙과 자갈을 통과하는 과정에서 깨끗하게 걸러진 지하수는 매우 소중한 자원입니다. 이렇게 소중한 지하수가 만들어지는 속도보다 지하수를 끌어올려 사용하는 속도가 훨씬 빨라져서 걱정이에요. 지하수가 점점 없어지고 있거든요. 요즘에는 아스팔트와 시멘트로 만든 도로가 많아서 지하수가 땅으로 스며들지 못하고 흘러가 버려요. 지하수가 만들어지기 어려운 상황인 거죠. 그러니 지하수를 아껴 써야 해요.

물 부족! 빗물이 답이다.

물 부족을 해결하기 위한 방안 중 빗물을 이용하는 것에 대한 관심이 커지고 있어요. 이미 세계 여러 선진국에서는 빗물 이용이 활발하게 이루어지고 있다고 해요. 우리나라도 빗물을 많이 사용하면 좋겠죠?

빗물 저금통

빗물 저금통은 빗물을 모아두는 저장 시설이에요. 모은 빗물은 조경, 청소, 생활 용수로 활용할 수 있지요. 전주시 삼천 도서관에는 맹꽁이 놀이터 빗물저금통이 있어요. 장마가 지나고 습지가 마를 때 물을 대기 위한 시설인데, 물을 무려 10톤이나 저장할 수 있대요.

빗물을 받아 어디에 사용하면 좋을까요? 친구들과 이야기 나누어 보세요.

나의 생활을 점검해 보세요.

물 부족을 해결하기 위한
물 절약 점검표

평소 실천하고 있는 행동에 ✓ 표시하세요.

- ☐ 물을 받아 설거지하기
- ☐ 샤워시간 최대한 줄이기
- ☐ 양치할 때 컵 사용하기
- ☐ 빨래는 모아서 한꺼번에 하기
- ☐ 양치할 때 수도꼭지 잠그기
- ☐ 비누칠 할 때 수도꼭지 잠그기

나의 생활을 돌아보며 물 절약 방법을 생각해 보아요.

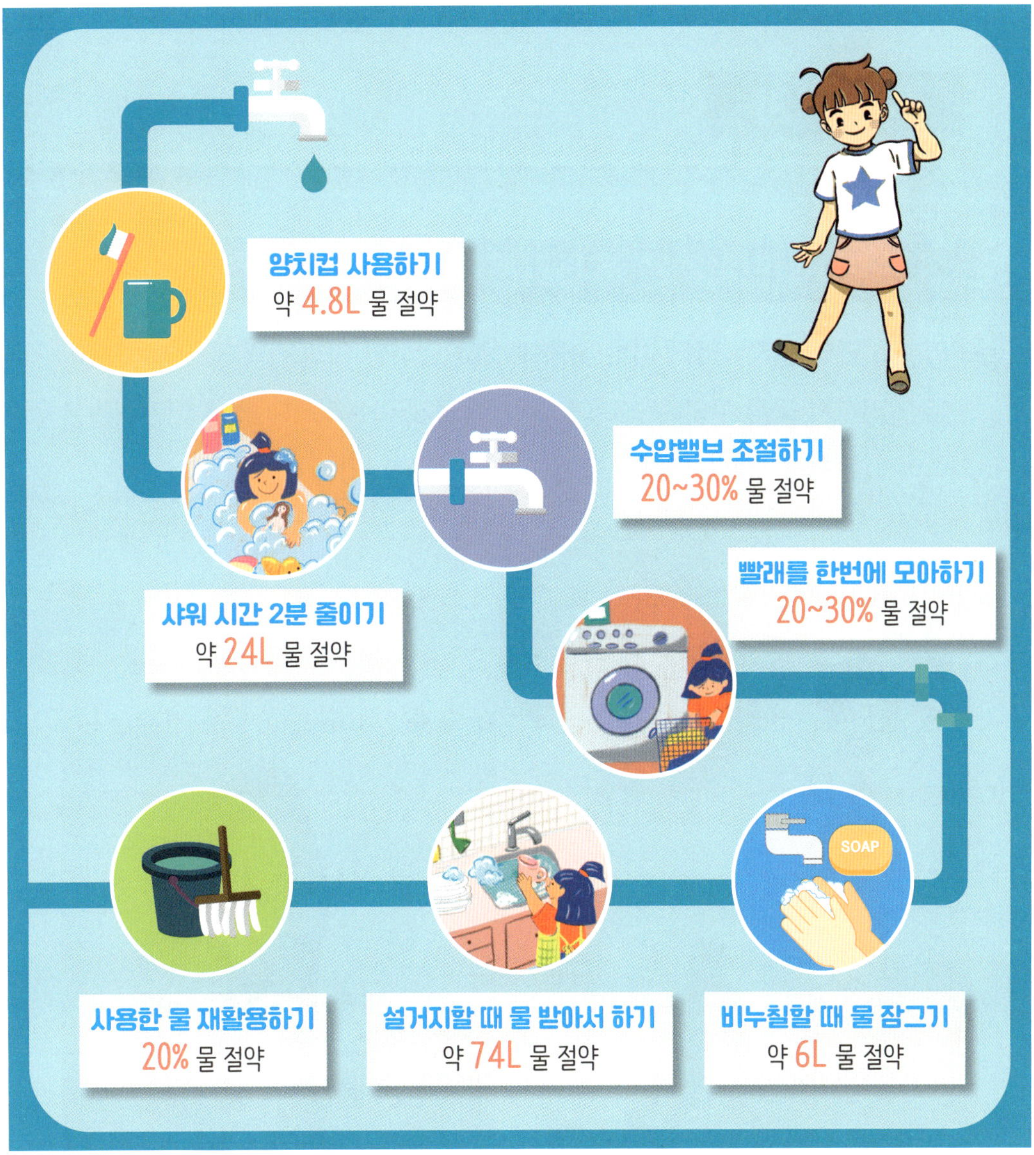

양치컵 사용하기
약 4.8L 물 절약

수압밸브 조절하기
20~30% 물 절약

빨래를 한번에 모아하기
20~30% 물 절약

샤워 시간 2분 줄이기
약 24L 물 절약

사용한 물 재활용하기
20% 물 절약

설거지할 때 물 받아서 하기
약 74L 물 절약

비누칠할 때 물 잠그기
약 6L 물 절약

🐸 나만의 물 절약 방법 정하기

아프리카 어린이들은 왜 더러운 물을 마실까요?

여러분이 만약 탄자니아의 어느 마을에 살고 있다면 가까운 곳에 우물이 없어 아주 멀리까지 물을 구하려 다녀야 해요. 이렇게 아프리카의 많은 어린이들은 가족이 먹을 물을 구하느라 물통을 들고 먼 길을 다녀와야 한답니다.

아프리카에는 하수처리 시설이 없고, 가뭄이 계속되고 있어서 먹을 수 있는 물을 구하기가 어렵대.

아프리카에는 물을 깨끗하게 만드는 정화 시설이 부족하다고 해요. 정화 시설을 만드는 데 필요한 돈이 없어서 깨끗한 물을 마실 수 없는 거지요. 오염된 물을 마시면 그 속에 들어 있는 미생물이 콜레라, 장티푸스, 이질 등의 전염병을 일으켜요. 세계적으로 모든 질병의 80%가 오염된 물 때문에 생기고, 그로 인해 많은 사람들이 죽고 있어요.

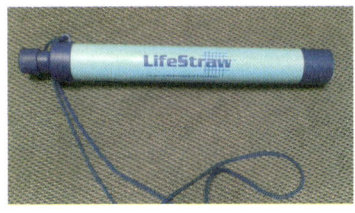

아프리카 어린이에게 어떤 도움을 줄 수 있을까요? 오염된 물에 빨대처럼 꽂으면 바로 마실 수 있게 필터로 걸러주는 '라이프스트로'(생명 빨대)라는 것이 있어요.

아프리카의 친구들에게 '라이프스트로'를 보낼 수 있는 방법을 알아볼까요?

전 세계 100여국에서 식수 문제 해결을 위해 노력하는 '옥스팜' 후원하기

물에도 발자국이 있어요

 커피 1잔에 사용된 물은?

http://go9.co/R8y

출처: KBS 뉴스(2015.4.29.)

1리터 = (그림)

사람에게 발자국이 있듯이 물에도 발자국이 있어요.

우리는 물을 사용하면서 살아요. 이때 사용되는 물의 양을 '물발자국(water footprint)'이라 불러요. 사람들이 세수할 때 쓰는 물의 양이 평균 19리터라고 해요. 즉 세수할 때의 물발자국은 19리터인 거에요.

햄버거를 예로 들어볼게.
햄버거 한 개를 만드는 데는
한 사람이 3년 동안 마실 물보다
더 많은 물이 쓰여.
소도 키워야 하고 소의 먹이가 되는
여러 농작물도 키워야 하거든.

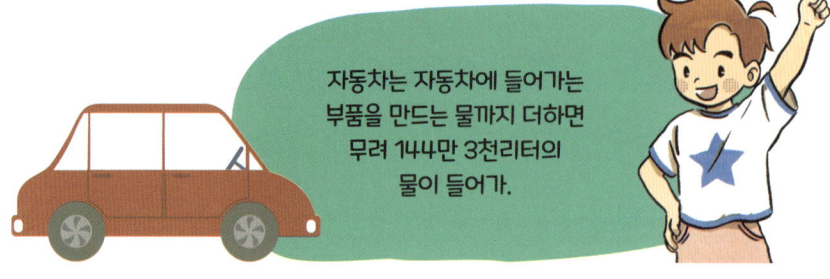

자동차는 자동차에 들어가는
부품을 만드는 물까지 더하면
무려 144만 3천리터의
물이 들어가.

우리가 먹는 음식들의 물발자국

수돗물(1L)

1L

콜라(500mL)

9L

사과(1개)

70L

옥수수(1Kg)

909L

우유(1L)

990L

피자(한판)

1,259L

밀(1Kg)

1,334L

햄버거(1개)

2,500L

쌀(1Kg)

2,895L

달걀(1개)

3,340L

닭고기(1Kg)

3,918L

돼지고기(1Kg)

4,856L

치즈(1Kg)
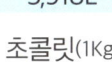
4,914L

소고기(1Kg)

15,497L

초콜릿(1Kg)
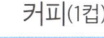
17,196L

커피(1컵)

19,028L

 ## 일주일 동안 우리가 남긴 물발자국

종류	일주일간 사용/섭취량	물발자국	종류	일주일간 사용/섭취량	물발자국
샤워	10회	1,000L	우유	500mL	500L
양치	21회	126L	닭고기	250g	950L
변기물	30회	390L	밥	20끼(1끼당 90g)	1,800L

우리는 하루 동안 얼마만큼의 물발자국을 남길까요?

우리가 하루 동안 남기는 물발자국이 얼마나 되는지 계산해봅시다.

아침에 일어나서

변기 1회 사용
23L

세수
19L

양치질
(   )L

아침식사

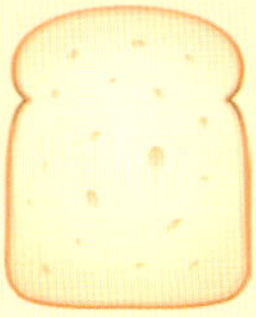

식빵 한 조각
40L

(   )
(   )L

달걀프라이
136L

오렌지 주스
170L

설거지
70L

점심식사

햄버거
2,500L

(   )
(   )L

감자칩
185L

저녁식사

피자 1판
1,259L

(   )
(   )L

야채 1접시
117L

설거지
70L

잠자리에 들기 전

한시간 컴퓨터 사용
35L

변기 1회 사용
23L

샤워 5분
샤워 5분

양치질
(   )L

내가 남긴 물발자국은 □ 리터

20리터의 물로 하루 살아보기

UN에서 사람이 하루에 쓸 가장 적당한 양의 물을 20리터로 정했다고 해요. 우리도 20리터의 물로 하루를 살아볼까요? 집에 20리터의 물을 받아놓고 그 물로 하루를 살아봅시다.

2리터 = (생수병)

물 20리터로 하루를 살기 위해 내가 할 수 있는 일을 생각해봅시다.

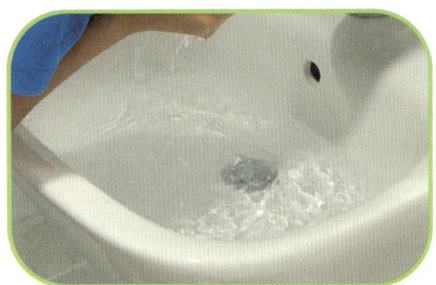

세면대에 물을 받아 세수하기

설거지통 사용하기

화분에 쌀뜨물 주기

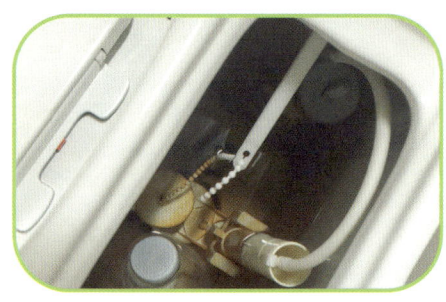

변기 물통에 생수통 넣기

양치컵 사용하기

물을 절약하기 위해 내가 할 수 있는 일, 찾아보니 많은 걸!

물 20리터로 하루를 살기 위해서 내가 할 수 있는 일을 적어보세요.

물 20리터로 하루를 살아본 소감을 적어보세요.

한 달 뒤 푸름이네 가족은 다시 강가로 나들이를 갔어요. 강가에서 뛰어 놀던 푸름이와 아름이는 강 주변에 있는 쓰레기를 줍기로 했어요. 남생이를 만나고 강을 깨끗이 만들기 위해 어떤 일을 해야 하는지 알게 되었거든요.

쓰레기를 열심히 줍고 있는데 지난번에 만났던 남생이가 나타났어요.

그래, 너를 위해서 그리고
우리 모두를 위해서
열심히 노력할게!

남생아, 너를 도와주기 위해서
어떤 일을 해야 할지 공부하며
실천하고 있어.

고마워,
강을 깨끗하게 만드는 일에
앞장서서 나서준다면 좋겠어.

푸름이와 아름이는 강을 깨끗하게 만들기 위해서 앞으로도 열심히 노력하기로
했어요. 우리도 푸름이와 아름이처럼 물을 깨끗하게 만들기 위해서 다 함께
노력해 볼까요?

물에 대해 더 알아보고 싶나요?

 참고도서

『물발자국 이야기』 이수정 글, 권석란 그림	사람에게 발자국이 있듯이, 물에도 발자국이 있다는 내용. 아홉 나라의 물발자국 사례를 쉽고 재미있게 풀어낸 책
『물을 지켜야 우리가 살아요』 이영란 글, 이리 그림	강과 바다의 탄생, 댐과 상하수도 시설의 기원과 배경, 바닷물의 담수화, 강을 둘러싼 국제 분쟁. 물을 따라 흐르는 인류의 삶과 문화를 촘촘하게 조리 있게 이야기로 풀어낸 책
『깨끗한 물이 되어줘!』 환경교육센터·정미정 글, 김효순 그림	환경 만화 '슬픔에 빠진 방울이'를 통해 물이 주는 고마움을 느끼게 하고, 물이 오염되면 어떤 일이 생기는지, 깨끗한 물을 보호하고 지키기 위한 실천 방법에는 무엇이 있는지 그림과 사진, 체험 놀이를 통해 알게 해주는 책

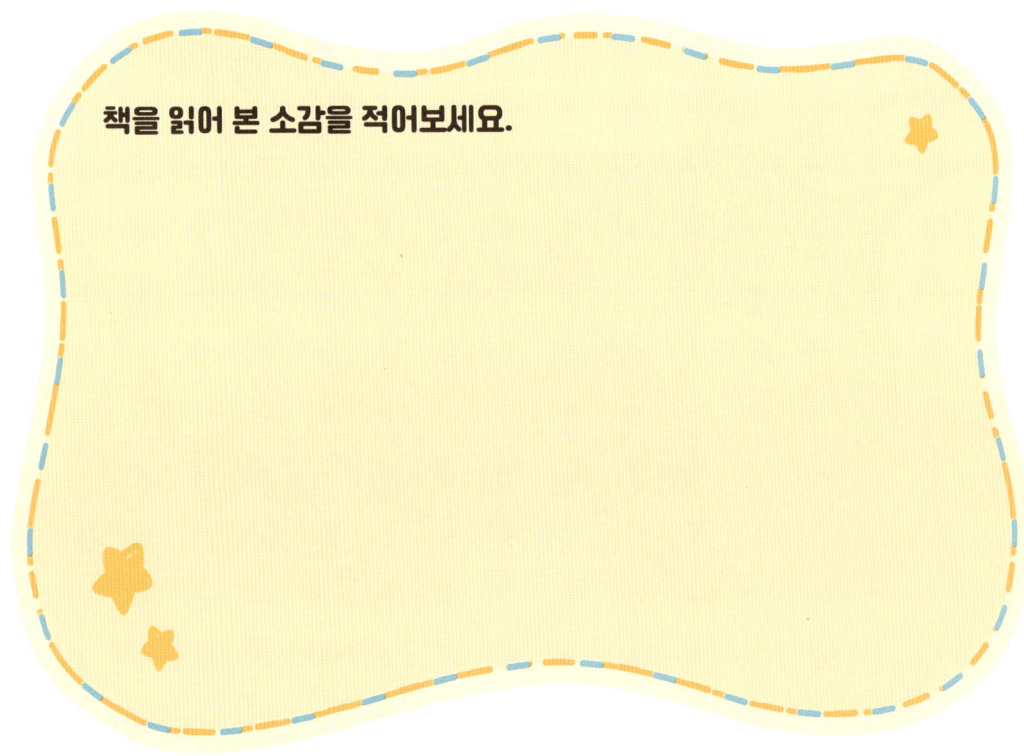

책을 읽어 본 소감을 적어보세요.

시빌액션
A Civil Action, 1998

개봉	1999. 10. 09
장르	드라마
국가	미국
등급	15세이상관람가
러닝타임	112분

미국 매사추세츠주에 위치한 작은 마을 이스트 워번에서 산업폐기물에 의한 생수오염이 발견된다. 그리고 그 마을의 백혈병 사망율이 갑자기 증가하게 된다. 그 백혈병 희생자 중 어린 아들을 잃은 앤 앤더슨은 이 환경오염으로 인한 비극의 공식적인 책임소재를 묻기 시작하는데….

다크 워터스
Dark Waters, 2019

개봉	2020. 03. 11
장르	드라마
국가	미국
등급	12세이상관람가
러닝타임	127분

인류의 99%는 이미 중독되었다. <스포트라이트> 제작진의 충격 고발 실화. 젖소 190마리의 떼죽음, 메스꺼움과 고열에 시달리는 사람들, 기형아들의 출생, 그리고 한 마을에 퍼지기 시작한 중증 질병들….

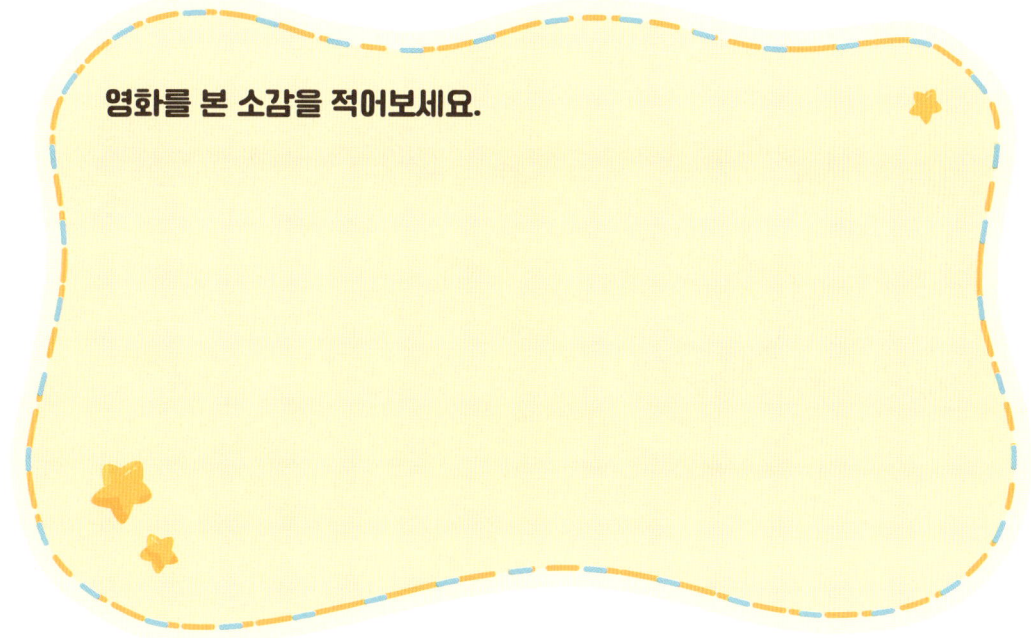

영화를 본 소감을 적어보세요.

바다에 쓰레기가 넘쳐나요

푸름이네 가족은 주말을 맞아 바닷가로 캠핑을 갔어요. 푸름이는 아름이와 점심을 먹고 해변에서 모래놀이를 했어요. 아이들은 모래 속에 깊숙이 버려진 빨대와 비닐 쓰레기를 발견했어요. 푸름이와 아름이는 모래놀이를 멈추고 쓰레기를 줍기로 했어요.

"저~기 보이는 바위까지 갔다오자."

경쟁이라도 하듯 열심히 쓰레기를 줍던 아이들은 어느새 바위 근처까지 가게 되었어요.

"아름아, 이리와 봐. 거북이 다리에 비닐봉지가 엉켜 있어"

푸름이가 깜짝 놀라 소리쳤어요.

푸름이는 거북의 등과 머리를 잡고, 아름이가 침착하게 거북이의 다리에 엉켜있는 비닐 봉지를 빼냈어요.

"고마워, 비닐 봉지때문에 걷지 못해서 바다로 돌아가지 못하고 있었거든. 나는 꼬북이라고 해. 너희가 다른 바다 친구들도 도와주면 안 될까?"

꼬북이는 그동안 바다에서 겪었던 일을 이야기하기 시작했어요.

꼬북이의 이야기를 들은 아름이는 속이 상했어요.

"여기서 보면 그냥 푸른 바다인데, 그렇게까지 오염됐다니 믿기지 않는걸."

"나랑 같이 바닷속으로 들어가보면 어때? 바다 친구들이 얼마나 힘들어 하는지 직접 보고 다른 사람들에게 상황을 전해줘. 부탁이야."

"꼬북아, 우리는 바닷속에서 숨을 쉴 수가 없어."

"걱정마. 나한테 방법이 있어. 거기 바위 밑을 살펴봐."

꼬북이의 말을 듣고 바위 밑을 살펴보니 거북이 등처럼 생긴 가방이 두 개 있었어요.

"가방을 메면 물에 닿자마자 나처럼 거북이 될거야. 그럼 헤엄도 치고 숨도 쉴 수 있게 되지. 망설이지 말고 제발 도와줘!"

아이들은 꼬북이를 도와야겠다는 생각이 들었어요.

"우리가 너무 늦게 돌아오면 부모님이 걱정하실 거야. "

"우리의 시간은 인간들의 시간과 달라. 그래서 얼마 안 걸릴 거야."

아이들은 꼬북이의 말이 아리송했지만 결심한 듯 서로를 바라보며 고개를 끄덕였어요.

아이들은 거북이등 가방을 메고 꼬북이를 따라 잔잔한
파도가 있는 바다 쪽으로 향했어요.

"앗!"

바닷물이 발에 닿는 순간, 아이들은 거북이 되었어요.

"나를 따라와."

아이들은 앞서가는 꼬북이를 따라 바닷속 깊이
들어갔어요.

바다쓰레기 때문에 배가 아파요

꼬북이와 아이들은 바닷속을 헤엄치며 이상한 광경을 보게 되었어요.

바다를 오염시키는 것이 무엇인지 친구들과 이야기 나누어 봅시다.

바닷속을 헤엄치던 중, 배가 아프다고 말하는 범고래를 만났어요. 범고래를 가장 아프게 한 쓰레기는 무엇일까요?

배가 계속 아파. 이상한 것을 먹었나봐.

아까 입을 크게 벌렸을 때 쓰레기가 네 입에 들어가는 걸 봤어. 조심해서 먹어야지.

쓰레기를 먹고 싶지 않지만, 따로 골라먹을 수가 없어. 나는 원래 입을 벌려 물이랑 물고기를 같이 삼키거든.

그렇구나. 바다에 버려진 쓰레기를 얼른 치워줘야겠네.

쓰레기를 치워주면 도움이 되겠지. 그렇지만 이미 너무 많은 쓰레기가 깊은 바닷속까지 흘러 들어가서 다 치우기는 어려울 거야. 특히 플라스틱은 사라지지 않고 잘게 부서져서 물고기들이 계속 먹게 돼. 내 배를 가장 아프게 하는 것은 플라스틱 쓰레기야.

깊은 바닷 속까지 잘게 부숴진 플라스틱이? 그래도 열심히 치우면 해결할 수 있지 않을까?

이미 버려진 쓰레기도 문제지만. 앞으로 쓰레기를 버리지 않는 것도 중요해. 나도 물고기만 먹고 싶어.

쓰레기를 치우는 것보다 버리지 않는 게 중요하다고? 쓰레기는 대체 어디서 자꾸 오는 걸까?

범고래의 배를 아프게 한 것은

[   ] 이에요

플라스틱의 특성을 보기에서 찾아 빈 칸을 채워봅시다.

플라스틱은 다양한 장점이 있어 사람들에게 사랑받아 왔지만, 무분별한 사용으로 이제는 바다 쓰레기의 주범이 되었어요.

플라스틱의 특성

이렇게 만들어요
- 1907년 발명됐어요
- 빚어서 만들다라는 뜻이에요
- 석유로 만들어요
- 어떤 모양도 만들 수 있어요

우리 주변의 플라스틱
-
- 생수병
-

안 좋은 점
-
-
-

좋은 점
-
- 녹이 슬지 않아요
-

보기

| 가볍다 | 값이 싸다 | 불에 잘 탄다 | 유독가스가 나온다 | 썩지 않는다 |

| 비닐 | 밧줄 | 낚싯줄 | 장난감 | 빗자루 | 스티로폼 | 튼튼하다 |

색깔을 다양하게 만들 수 있다

플라스틱은 없어지지 않아요

플라스틱은 작게 부서질 뿐 없어지지 않아요. 이렇게 작아진 플라스틱을 '미세플라스틱'이라고 해요. 플라스틱이 일으키는 문제를 알아봅시다.

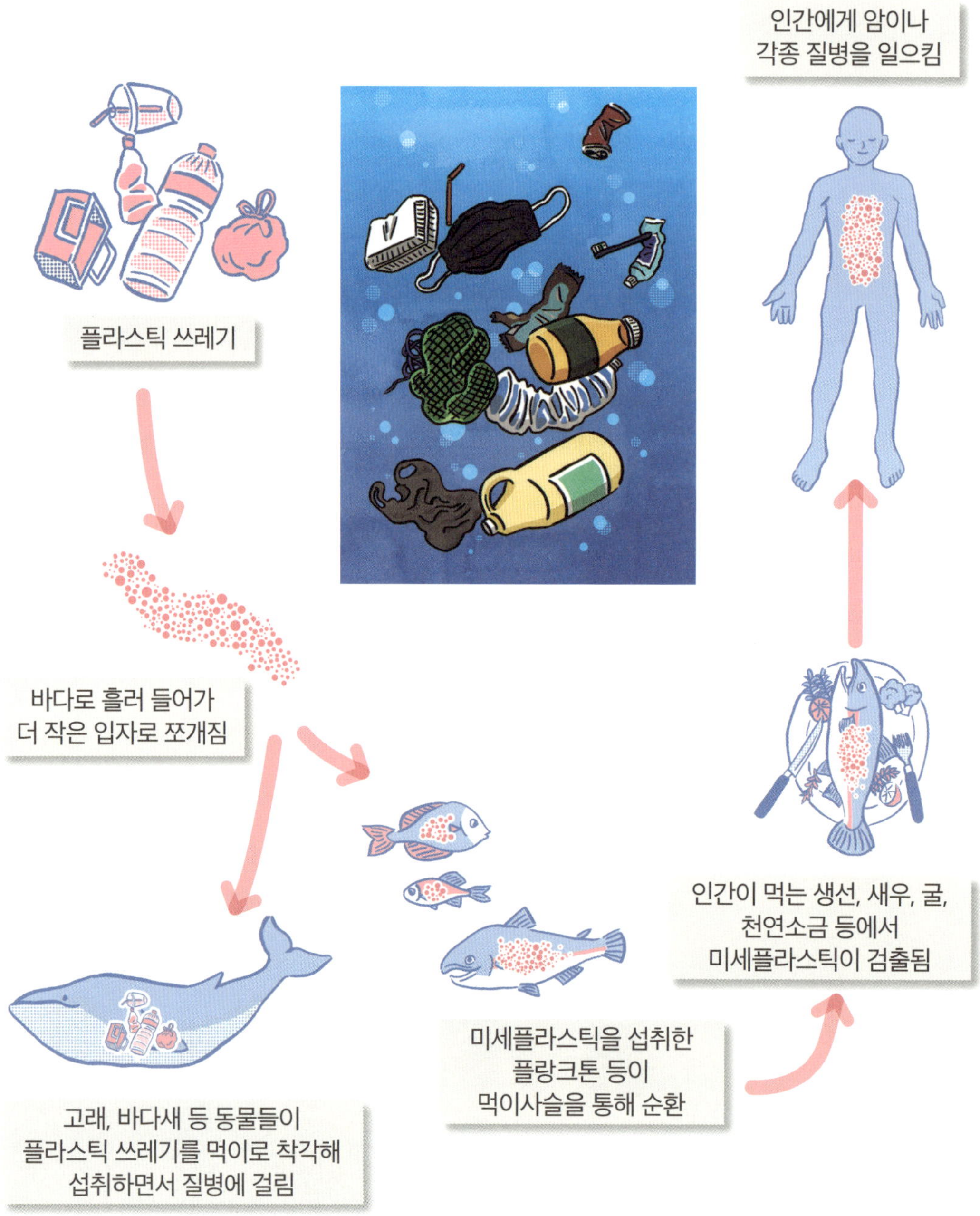

인간에게 암이나 각종 질병을 일으킴

플라스틱 쓰레기

바다로 흘러 들어가 더 작은 입자로 쪼개짐

고래, 바다새 등 동물들이 플라스틱 쓰레기를 먹이로 착각해 섭취하면서 질병에 걸림

미세플라스틱을 섭취한 플랑크톤 등이 먹이사슬을 통해 순환

인간이 먹는 생선, 새우, 굴, 천연소금 등에서 미세플라스틱이 검출됨

0.5밀리미터 이하의 작은 플라스틱을 '미세플라스틱'이라고 해.

2018년 부안 앞바다에서 발견된 아귀. 아귀의 뱃속에 플라스틱 병이 있었음

 퀴즈를 풀어 봅시다.

1. 플라스틱은 녹이 슬지 않아요. (O, X)

2. 플라스틱은 물고기가 먹어도 몸에 남지 않고 모두 바닷물에 배출돼요. (O, X)

3. 0.5밀리미터 이하의 작은 플라스틱을 미세플라스틱이라고 해요. (O, X)

4. 플라스틱의 색깔은 모두 투명해요. (O, X)

5. 플라스틱은 작게 쪼개져서 물에 녹아요. (O, X)

6. 땅에 버린 플라스틱은 결국 바다로 흘러가요. (O, X)

7. 플라스틱도 재활용할 수 있어요. (O, X)

8. 바다에 버려진 플라스틱은 인간도 먹게 돼요. (O, X)

9. 비닐, 그물, 밧줄도 플라스틱이에요. (O, X)

정답은 59쪽에 있어요.

플라스틱에 대해 공부하며 느낀 점을 적어봅시다.

이렇게 지켜요

우리가 버린 쓰레기는 결국 바다로 흘러갑니다. 바다쓰레기를 줄이기 위해 우리가 할 수 있는 일은 무엇일까요? 사다리 게임을 해 보고 빈칸을 채워봅시다.

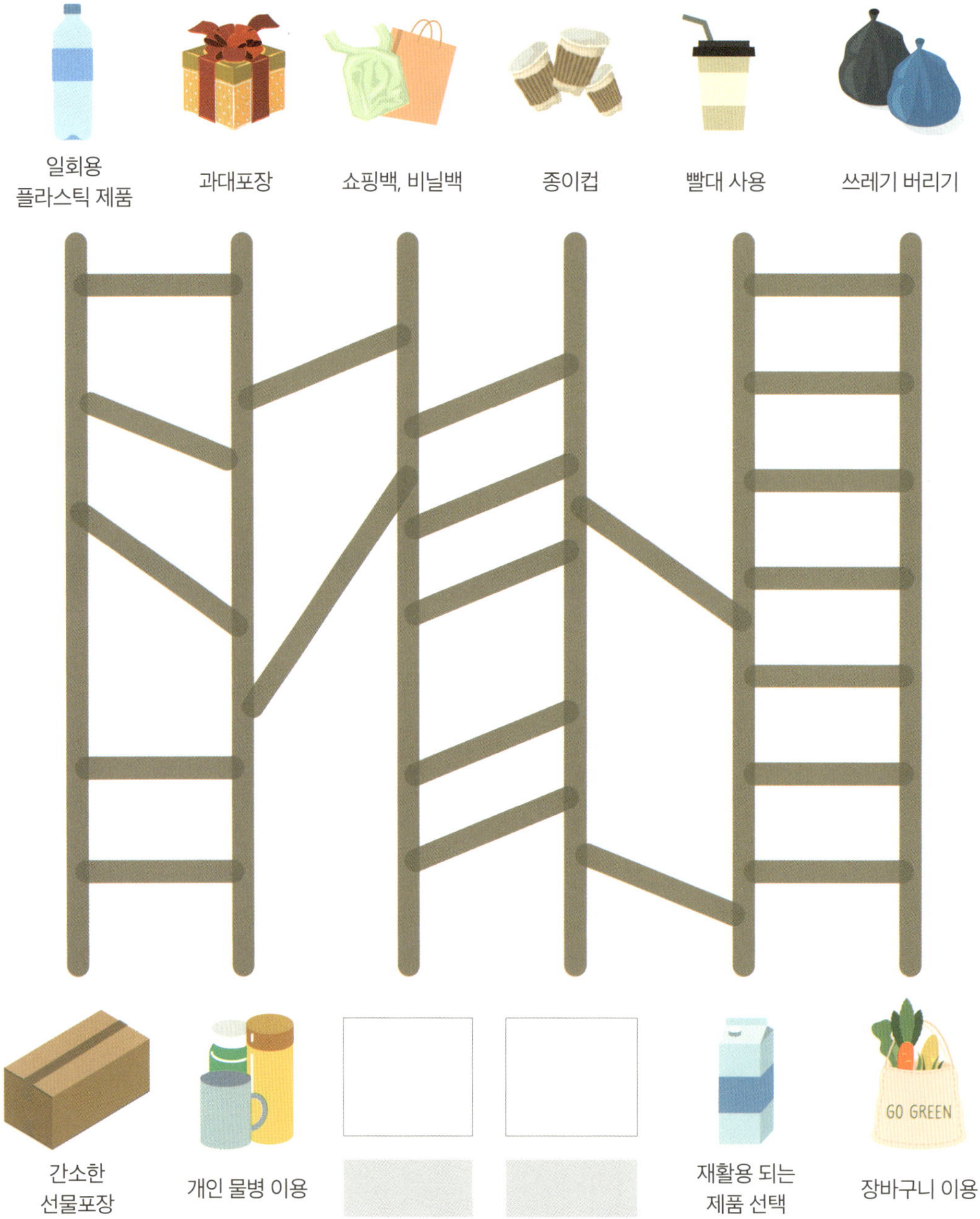

일회용
플라스틱 제품

과대포장

쇼핑백, 비닐백

종이컵

빨대 사용

쓰레기 버리기

간소한
선물포장

개인 물병 이용

재활용 되는
제품 선택

장바구니 이용

비치코밍에 대해 알아보고 바다를 지키기 위한 실천 계획을 세워봅시다.

비치코밍이란?

'비치코밍(beachcombing)은 해변을 뜻하는 '비치(beach)'와 빗질을 뜻하는 '코밍(combing)이 합해진 말이다.

말 그대로 바다를 빗질하듯 바다 표류물이나 쓰레기를 주워 모으는 행동을 말한다.

 ### 해양 오염을 알려요!

https://youtu.be/NyaCuFdQd14

출처: KBS 뉴스(2021.5.26.)

꼭 바다가 아니더라도 학교 주변을 돌며 쓰레기 줍기 캠페인을 해도 좋겠어.

바다 오염과 관련된 자료를 모아 전시회를 열거나 캠페인을 해도 좋겠어.

실천 기간 :

실천 내용 :

[57쪽 퀴즈 정답 : 1.O 2.X 3.O 4.X 5.X 6.O 7.O 8.O 9.O]

"얘들아, 바닷속에 들어와보니 어때? 상황이 매우 심각하지? 바다와 땅은 서로에게 영향을 줄 수밖에 없어. 그러니 바다 오염을 막는 게 너희 인간들에게도 좋을 거야."

물 밖으로 나온 아이들은 꼬북이에게 약속했어요.

"미안해. 바다를 지키기 위해 노력할게."

"얘들아, 너희들에게 아직 더 보여줄 게 남아있어. 우리 내일 이 시간에 여기서 다시 만나자."

꼬북이는 마지막 말을 남기고 다시 바닷속으로 들어갔어요.

 **참고도서**

『할머니의 용궁 여행』 권민조 글, 그림	심각한 바다 오염 문제를 재미있게 풀어낸 책. 아윤이의 할머니가 물질을 하다가 용왕 거북을 만나게 되면서 벌어지는 이야기
『고래를 삼킨 바다 쓰레기』 유다정 글, 이광익 그림	바다 쓰레기의 80% 이상을 차지하는 플라스틱. 바다쓰레기가 생태계를 어떻게 위협하는지 자세한 설명과 그림으로 환경에 대한 문제를 알려주는 책

 참고영상

옷을 위한 지구는 없다(2021) KBS 환경스페셜	매년 우리가 버린 옷이 바다에 산이 되어 쌓이고 있는 현실. 헌 옷을 버리고 새 옷을 사는 사이 쓰레기로 몸살을 앓게 된 바다의 현실을 보여주는 다큐멘터리
플라스틱, 바다를 삼키다 (2016)	엄청난 플라스틱 쓰레기로 몸살을 앓고 있는 바다의 모습. 플라스틱이 환경에 미치는 영향을 관찰한 다큐멘터리

03

바다생물을 살려요

"오빠, 꼬북이가 정말 다시 올까?"

"바닷속에서 있었던 일은 지금도 생생하지만 아직도 꿈을 꾸는 느낌이야."

아이들이 어제 바다에서 있었던 일에 대해 이야기를 나누고 있을 때였어요.

"너희들 정말 왔구나! 고마워. "

방금까지 없었던 꼬북이가 어느새 옆에 다가와 반갑게 인사했어요.

"오늘은 어디 가는 거야?"
"너희들을 꼭 만나고 싶어하는 친구들이 있어. 나를 따라와."
아이들은 바위 밑에 있는 가방을 찾아 어깨에 메고 바다를 향했어요.
저 멀리 사람들의 말소리가 작아지더니 어느 순간 아무것도 들리지 않았어요.

고기잡이 경쟁, 잡고 또 잡고

푸름이는 바닷속 여기저기 떠다니는 쓰레기를 보니 마음이 무거워졌어요.

아름이는 옆을 지나쳐가는 수많은 물고기 떼를 보며 더 미안한 마음이 들었어요.

그때였어요. 갑자기 눈앞에 펼쳐진 그물이 좁혀지면서 바다 위로 올려지려고 했어요.

"어서 도망쳐!"

꼬북이의 말에 아이들은 간신히 그물에서 빠져나올 수 있었어요.

영상을 보며 '남획'과 '혼획'에 대하여 알아봅시다.

남획

혼획(부수어획)

https://url.kr/tvkn73

출처: KBS 뉴스(2021.4.23.)

https://url.kr/sr8lb4

출처: KBS 뉴스(2021.11.29.)

 신문 기사를 읽고 고기잡이 문제에 대하여 친구들과 이야기해 봅시다.

 # 남획과 혼획으로 병들고 있는 바다

나팔고둥은 무분별한 남획으로 급격히 수가 줄었다. 이에 따라 2012년부터 멸종 위기 야생동물 1급으로 지정돼 보호를 받고 있다.

물고기를 잡는 그물엔 물고기 외에도 바다거북, 상어, 바닷새 등 다양한 바다 동물도 걸린다. 이런 것을 '혼획(부수어획)'이라고 한다. 현재 혼획의 부작용은 매우 심각한 상황이다.

수산물을 많이 잡는 일인 남획과 혼획에 대한 문제가 제기되고 있다. 과학자들은 인간의 욕심으로 인해 바다가 파괴될 수 있다고 말한다.

세계의 거북 절반 이상이 멸종위기에 놓였다는 전문가 단체의 평가가 나왔다. 거북을 고기로 이용하거나 반려동물로 팔기 위해 남획을 하기 때문이다.

△△신문 20XX년 XX월 XX일 ○○○ 기자

만화를 읽어보고 어업과 바다생물의 어려움에 대하여 생각해
봅시다.

남획

물고기를 무조건
많이 잡아야
많이 팔 수 있어.

물고기를
닥치는 대로 잡으면 완전
씨가 마를 거야.

혼획(부수어획)

물고기 잡는 그물에
웬 거북이와 상어까지?
일일이 풀어 주기도 어렵고
어쩔 수 없지.

운 좋게 그물에서 풀려나도
크게 다쳐서 살아남기 힘들어.

경쟁적 참치잡이

축구장의 20배만큼
큰 그물이야.
그래야 참치도 많이 잡지.

참치도 적당히 잡으면 어때?
욕심부리지 않는 착한 참치
회사는 없는 걸까?

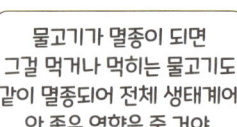

돌고래 포획

우린 전통적으로
고래를 사냥해.
고래가 멸종되고 있다고?
그래도 전통을
포기할 수는 없어.

물고기가 멸종이 되면
그걸 먹거나 먹히는 물고기도
같이 멸종되어 전체 생태계에
안 좋은 영향을 줄 거야.

"얘들아, 우리나라 바닷속은 예전과 많이 달라졌어. 특히 수온이 올라간 것이 문제란다."
"바다가 따뜻해졌어도 물고기는 여전히 많고 괜찮아 보이는데?"
"과연 그럴까? 바다 친구들 이야기를 직접 들어봐."
꼬북이와 아이들은 바닷속을 헤엄치며 바다 친구들에게 말을 걸었어요.

친구들아!
다들 어디 가는 거야?

명태

내 친구들 모두
차가운 물로 이사갔어.
이제 나도 더 이상 여기서는
버티기가 힘들어.

오징어

난 원래 따뜻한 곳에 살지만,
물이 너무 더워져서
살 수가 없어.

멸치

동해 오징어는 옛말이야.
우리를 만나고 싶거든
서해로 와야 해.

이 산호는
예쁘게 화장했네.
어쩜 이렇게 하얗지?

여기있는 산호는
엄청 화려한걸?

우린 따뜻한 곳에 사는
산호란다. 대한민국이
따뜻해져서 여기에도
살아보려고해.

화장한 게 아니라
아픈 거야.
난 피부병에 걸렸어.

산호

지구온난화로 바다가 따뜻해지면 어떤 일이 생기는지 알아봅시다.

 바다 산성화

https://url.kr/5ek3vc

출처: KBS 환경스페셜(2010.12.29.)

바다가 산성화되면,
- 물고기 몸이 아프게 되어 방향 감각을 잃어요.
- 산호, 조개, 전복 등 어패류의 껍데기와 단단한 부분이 녹게 돼요.

 바다 사막화

https://youtu.be/UpxoPKCusZw

출처: KBS 뉴스(2017.3.6.)

바다의 밑바닥을 '해저'라고 해요. 해저와 산호, 바위 등이 딱딱해지면 바닷속이 사막화 돼요 그러면 해양생물들은 점점 먹이를 잃고 죽게 돼요.

 ## 바다 산성화, 바다 사막화에 관해 더 조사해 봅시다.

지구온난화가 계속되면 해수면이 상승합니다. 해수면이 상승하면 어떤 일이 벌어지는지 아래 기사를 읽고, 친구들과 이야기해 봅시다.

최근 10년간 동해안 해수면 급상승

태풍 발생 시 침수 피해 우려 높아진다.

최근 10년간 동해안 해수면의 높이가 급격히 높아지고 있는 것으로 나타나 태풍으로 인한 침수 피해 우려가 커지고 있다.

해양수산부에서는 지난 30년간 우리나라 전연안의 평균 해수면이 매년 약 3cm씩 높아지고 있다고 밝혔다. 또한 해수면 상승 속도가 점차 빨라지고 있다고 하였다.

이는 지구온난화로 인해 바닷물의 온도가 높아지고 있으며, 온도가 높아질수록 바닷물의 부피가 증가하게 돼 해수면이 점차 상승하는 문제를 일으키게 되었다.

△△신문 20XX년 XX월 XX일 ○○○ 기자

바닷물의 표면을 해수면이라고 해.
지구온난화가 심해지면
해수면이 상승해서 낮은 땅부터 서서히
물에 잠기게 돼.

바다식목일 5월 10일

바다식목일은 바다 생태계의 중요성과 바다 오염의 심각성을 국민에게 알리려고 만든 날이에요. 푸른 숲을 가꾸기 위하여 땅에 나무를 심는 식목일처럼 바다숲을 가꾸기 위하여 바닷속에 해조류를 심어요.

바다식목일이 생긴 것은 '갯녹음'현상으로 인해 바다사막화가 심각해졌기 때문이에요. 갯녹음이란 시멘트 같은 석회물질이 바다의 밑바닥을 하얗게 뒤덮는 것으로, 바다오염·기후변화·과도한 고기잡이 등으로 인하여 해조류가 사라지면서 발생해요.

다양한 해조류가 마치 숲처럼 무성하게 자라난 바다숲은 바다생물에 풍부한 먹이를 제공하는 역할을 해요. 또 광합성으로 이산화탄소를 흡수하여 바다산성화를 막는 역할도 해요. 하지만 해조류가 사라져 바다숲이 파괴되고 갯녹음 현상이 심해지면 바다생물이 줄어들게 되고, 바다의 이산화탄소 흡수 능력도 약해져 바다생태에 심각한 문제가 생겨요. 이러한 현상을 막기 위해 바다식목일을 만들게 되었어요 바다식목일에는 해조류 심기를 비롯하여 바다쓰레기 정화 활동 등 다양한 행사가 열려요.

땅에서 식목일은 4월 5일, 바다에서 식목일은 5월 10일. 숲을 가꾸는 일은 땅에서도 바다에서도 정말 중요해.

"꼬북아, 이제 우리는 집으로 돌아가야 해."

"그래, 부모님이 걱정하시기 전에 돌아가야지."

꼬북이를 따라 물 밖으로 나온 아이들은 다시 인간의 모습으로 바뀌었어요.

"꼬북아, 네 덕분에 앞으로 우리가 무엇을 해야 할지 알게 됐어."

"고마워, 물지킴이 친구들! 너희가 있어 정말 든든하다."

푸름이와 아름이는 꼬북이와 작별인사를 하며 바다를 지키기 위해 더 노력하기로 결심했어요.

우리도 물지킴이가 되어 푸른 바다를 지켜주면 어떨까요?

바다생태와 어업에 대해 더 알아보고 싶나요?

 참고도서

『산호초가 모두 사라지면?』 김황 글, 끌레몽 그림	바다 생물의 보금자리인 산호초가 무엇이고 왜 지켜야 하는지 알려주는 책
『투발루에게 수영을 가르칠 걸 그랬어』 유다정 글, 박재현 그림	가라앉고 있는 섬 투발루와 수영을 못하는 고양이 투발루 이야기를 통해 지구 온난화의 심각성을 알려주는 책

 참고영상

독도, 30년(2022) KBS 환경스페셜	30년 전 독도와 지금의 독도는 무엇이 바뀌었을까요? 기후위기로 인해 뜨거워지는 바다. 그로 인해 독도 바다숲도 병들어가고 있다. 바다숲의 황폐화가 미치는 영향에 관한 다큐멘터리
씨스피라시(2021) 넷플릭스	바다쓰레기의 대부분은 플라스틱이 아니라 어업쓰레기이다. 인간의 탐욕이 부른 어업으로 인해 바다 생태계가 위협받는 것을 보여주는 영화